W0209320

Werner Färber

Geschichten vom Bären Bruno

Mit Bildern von Maria Wissmann

Hase und Igel®

Leseheft 5
Werner Färber, Geschichten vom Bären Bruno

Ungekürzte und einmalige Sonderausgabe des gleichnamigen Titels
im Programm von Hase und Igel,
der in zwei Ausstattungen lieferbar ist:
ISBN 978-3-86760-147-4 (kartoniert)
ISBN 978-3-86760-727-8 (gebunden)

Für Lehrkräfte gibt es dazu ausführliches Begleitmaterial:
Sylvia Gredig, Materialien und Kopiervorlagen zu
Werner Färber, Geschichten vom Bären Bruno
32 Seiten/Kopiervorlagen A4
ISBN 978-3-86760-447-5

www.hase-und-igel.de
Druck: Himmer AG, Augsburg

Dieses Buch erschien erstmals 1998
unter dem Titel „Kleine Geschichten vom Bären Bruno“
in der Loewe Verlag GmbH, Bindlach.

Best.-Nr. 5284-2

Inhalt

Der Großputz

Bruno, der  ,

geht ans  .

Er macht die 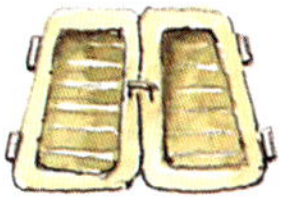 auf.

Endlich scheint

mal wieder die  .

Bruno sieht sich

in seiner  um.

„Heute wird geputzt“, sagt er.

Er bringt den  nach draußen

und hängt ihn über einen 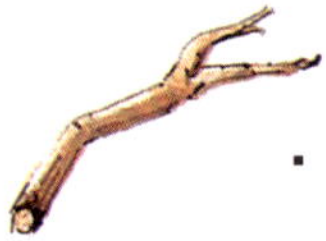 .

Mit dem  klopft Bruno

den staubigen  aus.

Als der 

an der 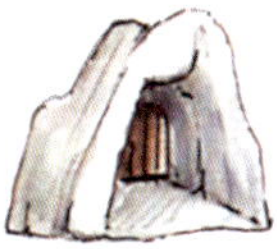 vorbeikommt,

steht Bruno bereits

in einer dicken 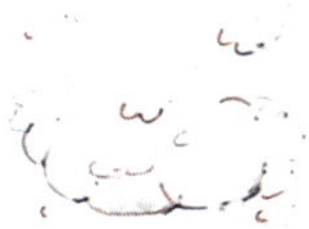.

„Kommst du mit zum ?“,

fragt der .

Er hat sein 

und seine  dabei.

„Nein, ich habe zu tun“,

antwortet der .

Schon schwingt er

wieder den .

„Schade“, sagt der 

und geht weiter.

Der  holt einen 

und fegt.

Dann füllt er einen 

und wischt mit dem 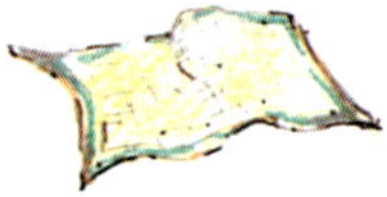

alles sauber.

Als alles blitzt und glänzt,

setzt er sich auf sein .

Er betrachtet die saubere .

Jemand klopft an die Tür.

„Herein!“, ruft Bruno.

„Hallo Bruno!“, sagt der  .

„Ich habe zehn  gefangen.

Wollen wir zusammen essen?“

Der  marschiert

mit seinen schmutzigen 

über den  .

Das nasse  mit den 

legt er auf den  .

Mit seiner dreckigen 

setzt er sich auf das .

Der  Bruno

schaut sich schweigend um.

Die  ist fast wieder

so schmutzig wie vorher.

Er seufzt:

„Vielleicht wäre ich

doch besser

mit zum  gekommen."

Bruno taucht unter

Bruno sitzt hinter einem .

Er beobachtet die .

Sie duften verlockend.

Wenn es so heiß ist wie heute,

sind die 

aber besonders reizbar.

Soll der  es trotzdem wagen?

Vorsichtig steckt er seine 

in einen 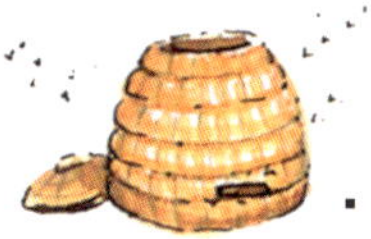 .

„Mmh, lecker“, sagt Bruno,

als er den 

von der  leckt.

Plötzlich schwirren ein paar 

um seinen  herum.

Sie stechen den 

in die .

„Autsch!“, ruft Bruno

und stößt beinahe den  um.

Wütend stürzen sich die 

auf ihn.

So schnell er kann,

rennt der  davon.

Die 

lassen sich aber nicht abschütteln.

Endlich erreicht Bruno

den  .

Er springt kopfüber hinein

und taucht, solange er kann.

Dann streckt er vorsichtig

den  heraus.

Die  sind weg.

„Das war aber knapp“,

murmelt Bruno.

Erleichtert klettert er

aus dem 

und lässt sich

von der  trocknen.

Unentschieden

Bruno schnürt seine  .

Er streift die  über

und setzt die  auf.

Dann stellt er sich ins 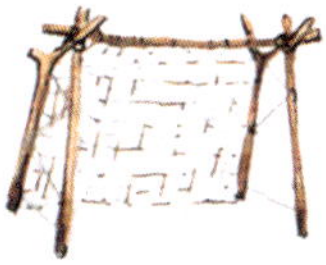 .

Heute spielen

die  aus dem 

gegen die  vom  .

Der  ist der .

Er schaut auf die .

Schon steckt er

die  in den  und pfeift.

Der  schießt den 

zum  hinüber.

Der  umspielt die 

und passt zum  .

Der erwischt den  nicht richtig

und verfehlt knapp das  .

Schon geht es anders herum.

Nun hat das  den  .

„Das  steht frei!“, ruft Bruno.

Aber es ist zu spät.

Das  knallt den 

unhaltbar ins .

Bruno, der  ,

kann nichts dagegen tun.

„Eins zu null!“,

ruft der 

und pfeift wieder an.

Schon fliegt der 

erneut auf Bruno zu.

Doch diesmal fängt er ihn.

Dann schießt er,

so fest er kann.

Die  im anderen 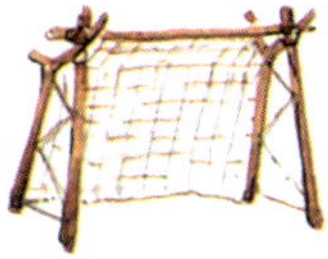

bekommt große .

Der  rast wie eine 

auf sie zu.

Über ihre  hinweg

saust Brunos  ins 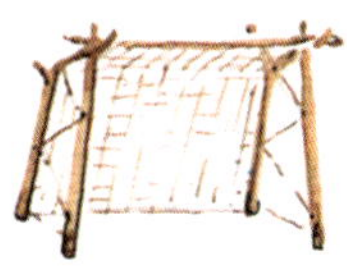 .

Der  pfeift.

„Eins zu eins!“, ruft er laut.

Dabei bleibt es.

Der  wird groß gefeiert.

Bruno steckt fest

Neugierig untersucht Bruno

einen hohlen  .

Ob da drinnen

wohl jemand wohnt?

„Huhu!“, ruft der  .

Nichts.

Er kriecht hinein.

Man sieht nur noch seine .

„Puh, ist das dunkel hier drinnen“,

sagt der .

Er will rückwärts wieder hinaus.

Aber er bleibt stecken.

„Hilfe! Ich hänge fest!“, ruft er.

Taumelnd richtet sich Bruno auf.

Mit dem  über dem 

wankt er hin und her.

Er stolpert über einen 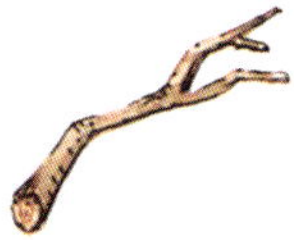

und fällt hin.

Hilflos sitzt der 

zwischen matschigen 

und bunten .

Plötzlich hämmert jemand

gegen den .

„Ist da jemand?“,

ruft Bruno.

„Ja, der ! Ich suche .“

Bruno fragt:

„Kannst du nicht

den  aufhacken?“

„Mal sehen, ich versuche es“,

antwortet der 

und hämmert los.

Aber schon bald muss der 

erschöpft aufgeben.

Schließlich kommt

der  vorbei.

„Oh, ein  mit “,

sagt er und lacht.

„Bitte, hilf mir!“,

ruft der  verzweifelt.

„Ich komme hier allein

nicht mehr raus!“

„Lass mich überlegen“,

antwortet der .

Nachdenklich kratzt er sich

hinterm  .

Plötzlich weiß er,

wie er Bruno helfen kann.

Er kitzelt ihn einfach

an den  .

Bruno beginnt zu lachen

und zu zappeln.

Er ist schrecklich kitzelig.

Der  rollt los

und rumpelt

über einen großen  .

Es knirscht und kracht –

und Bruno ist wieder frei.

Die Wörter zu den Bildern:

Bär

Teppich-
klopfer

Fenster

Dachs

Fensterläden

Wolke

Sonne

Fluss

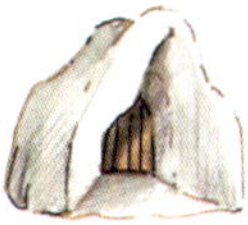
Höhle

Netz

Teppich

Angel

Ast

Besen

Eimer

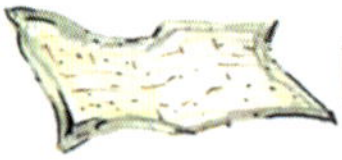
Lappen

Sofa

Fische

Gummistiefel

Tisch

Hose

Busch

Bienenkörbe

Bienen

Tatze

Honig

Kopf

Schnauze

See

Fußball-
schuhe

 Handschuhe

 Kappe

 Tor

 Tiere

 Wald

 Bauernhof

 Uhu

 Schieds-
richter

 Uhr

 Pfeife

 Schnabel

 Hase

 Ball

 Ziege

 Hirsch

 Schwein

Pferd

Kuh

Augen

Rakete

Hörner

Baumstamm

Pilze

Blätter

Specht

Würmer

Fuchs

Ohr

Stein

Werner Färber, 1957 in Wassertrüdingen geboren, ist ein bekannter Kinder- und Jugendbuchautor. Auch im Rundfunk sind seine Geschichten zu hören. Darüber hinaus ist er als Übersetzer aus dem Englischen tätig. Werner Färber lebt in Hamburg und wer noch mehr über ihn und seine Bücher erfahren möchte, findet im Internet unter *www.wernerfaerber.de* weitere Informationen.

Maria Wissmann wurde 1961 in Berlin geboren und wohnt dort immer noch mit ihrem Mann und ihrem kleinen Sohn. Schon als Kind hat sie gerne gemalt und gezeichnet. Nach Abschluss eines Grafikdesign-Studiums hat sie ihre Leidenschaft 1987 zu ihrem Beruf gemacht. Neben Bilder- und Kinderbüchern illustriert sie Schulbücher und Bildergeschichten für das Kinderfernsehen.